AF381549

LEKTÜRE
HILFE

Alles Licht, das wir nicht sehen

Anthony Doerr

Verfasst von Elizabeth Smith
Übersetzt von Mareike Lobeck

DER QUERLESER

DER QUERLESER

Auf derQuerleser.de findest Du:
Zahlreiche verständliche und detaillierte Lektürehilfen in Nullkommanichts in digitaler Version oder als Taschenbuch.

ANTHONY DOERR

- **Geboren 1973 in Cleveland (USA)**
- **Einige seiner Werke:**
  - *Der Muschelsammler* (2002), Erzählungen
  - *Winklers Traum vom Wasser* (2004), Roman
  - *Memory Wall* (2010), Novelle

Anthony Doerr wurde am 27. Oktober 1973 in Cleveland (Ohio), geboren. Bis 1991 besuchte er die University School in Ohio und studierte anschließend am Bowdoin College, in Brunswick (Maine), Geschichte, wo er im Jahr 1995 seinen Abschluss machte. Danach erhielt er einen Master of Fine Arts von der Bowling Green State University. In seinen ersten Erzählungen, die in *Der Muschelsammler* zusammengefasst sind, verarbeitete er die Erfahrungen, die er zu verschiedenen Zeitpunkten seines Lebens in Neuseeland und Afrika gemacht hat. Darauf folgten zwei weitere Bücher, *Memory Wall* und *Winklers Traum vom Wasser*. Für seinen Roman *Alles Licht, das wir nicht sehen* (2007) wurde Doerr von der

Kritik hochgelobt. Er schreibt außerdem für das Online-Magazin *The Morning News* und führt eine Sachbuchkolumne in der amerikanischen Tageszeitung *The Boston Globe*. Zwischen 2007 und 2010 war er Writer in Residence des Staates Idaho, in dessen Hauptstadt Boise er zusammen mit seiner Frau, Shauna Eastman, und den gemeinsamen Söhnen wohnt.

ALLES LICHT, DAS WIR NICHT SEHEN

HISTORISCHER ROMAN

- **Textgattung:** Roman
- **Herangezogene Ausgabe:** *Alles Licht, das wir nicht sehen*. Aus dem Englischen von Werner Löcher-Lawrence. btb: München 2016.
- **Erstausgabe:** 2014
- **Themen:** Mut, Entscheidungsfreiheit und Schicksal, Liebe, Ordnung und Unordnung, Krieg, Geschichtenerzählen

Alles Licht, das wir nicht sehen handelt von Marie-Laure, einem blinden Mädchen, das nach der deutschen Besetzung aus Paris flüchtet, und von Werner, einem jungen deutschen Soldaten, der in Armut aufwuchs. Beide versuchen, ihre Träume zu verwirklichen und dafür die richtigen Entscheidungen zu treffen. Doerr betrieb zehn Jahre lang Recherchen für den historischen Kontext seines Romans, was an realistischen Details zu erkennen ist, beispielsweise den

Beschreibungen der Radioapparate. Der Roman *Alles Licht, das wir nicht sehen* erfuhr nach seiner Veröffentlichung großen Erfolg: Er stand 130 Wochen auf der Bestsellerliste der *New York Times* und wurde im Jahr 2015 sowohl mit dem Pulitzer-Preis für Belletristik als auch mit der Andrew Carnegie Medal ausgezeichnet.

INHALTSANGABE

Doerr verwendet zwei Zeitebenen, um seinem Roman einen gewissen Rhythmus zu verleihen. Die eine Ebene umfasst die Zeit von 1934, als Werner und Marie-Laure Kinder sind, bis zum Beginn der Belagerung von Saint-Malo im Jahr 1944. Die zweite Zeitebene umfasst die Belagerung und die darauffolgenden Ereignisse. Für ein besseres Verständnis werden sie im Folgenden mit A bzw. B bezeichnet.

BEGINN DER BOMBARDIERUNG

Zeitebene B

Am 7. August 1944 werden über dem französischen Ort Saint-Malo Flugblätter abgeworfen, die die Einwohner auffordern, die Stadt zu verlassen, da die amerikanischen Truppen eine Bombardierung vorbereiten. Derweil findet Marie-Laure LeBlanc, ein 16-jähriges blindes Mädchen, in einem Modell der Stadt einen Diamanten. Der 18-jährige deutsche Soldat Werner Pfennig wiederum überwacht zusammen mit seinem Kameraden Frank Volkheimer und dem Ingenieur Berning im Keller eines Hotels Funksignale. Marie-Laures Großonkel ist Gefangener im Fort National, einer Festung auf einer Gezeiteninsel vor Saint-Malo.

KINDHEIT

Zeitebene A

Im Jahr 1934 hört Marie-Laure das erste Mal von dem „Meer der Flammen" (S. 31), einem verfluchten Diamanten, der angeblich im Muséum national d'Histoire naturelle von Paris aufbewahrt wird, wo ihr Vater Daniel als Schlosser arbeitet. Unterdessen wachsen Werner und seine Schwester Jutta unter der Obhut der Französin Frau Elena in einem deutschen Waisenhaus auf dem Gelände der Zeche Zollverein auf, nachdem ihr Vater dort ums Leben kam. Als Werner ein Radio findet und repariert, eignet er sich schnell umfangreiches Wissen dazu an. Zu Marie-Laures Geburtstag bastelt ihr Vater ihr Rätselschachteln, kauft ihr Bücher in Brailleschrift und baut ein Modell der Nachbarschaft, damit sie sich dort zurechtfinden kann. Werner und Jutta hören sich im Radio eine französische Wissenschaftssendung für Kinder an. Als ein stellvertretender Minister das Waisenhaus besucht, konfisziert er Werners Ausgabe von *Die Prinzipien der Mechanik* und betont, dass der Junge einmal im Bergwerk arbeiten wird. Paris wird bombardiert und Marie-Laure und ihr Vater fliehen daraufhin mit dem Diamanten des Museums im Gepäck, bei dem es sich allerdings ebenfalls um eine der drei existierenden Kopien handeln könnte. Werner repariert das Radio des Obergefreiten Herrn Siedler, der ihn aus diesem Grund im Waisenhaus besucht und ihm anschließend eine Empfehlung für eine besondere Schule der Regierung schreibt, die sogenannte Nationalpolitische Erziehungsanstalt. Aus Angst, für den Besitz bestraft zu werden, zerstört Werner das erste Radio, das er repariert hat.

„AUSSERGEWÖHNLICHE ZEITEN"

Zeitebene B

Werner liegt unter den Trümmern des Hotels begraben und Berning ist schwer verletzt.

Zeitebene A

Im Juni 1940 suchen Marie-Laure und ihr Vater bei ihrem Großonkel Etienne und Madame Manec, die sich um ihn kümmert, Schutz. Werner erhält einen Platz an der Nationalpolitischen Erziehungsanstalt, wo er Frederick kennenlernt. Dieser ist schmächtig, freundlich und ein Vogelliebhaber. Stabsfeldwebel Reinhold von Rumpel sucht derweil für die Nationalsozialisten nach dem „Meer der Flammen". In Saint-Malo baut Marie-Laures Vater ein Modell der Stadt für seine Tochter. Eines Tages fordert Werners Physiklehrer Dr. Hauptmann Werner auf, von nun ab jeden Abend ins Labor zu kommen, wo er mit einem seiner Mitschüler, Volkheimer, ein Funkgerät bauen soll, mit dem die Richtung von Signalen bestimmt werden kann. Etienne zeigt Marie-Laure den Hochfrequenzsender, den er auf dem Dachboden seines Hauses gebaut hat, um die Radiosendung übertragen zu können, die er früher zusammen mit seinem Bruder Henri aufgenommen hat: Es handelt sich hierbei um die Sendung, die sich Werner und Jutta als Kind angehört haben. Der opportunistische

Parfümhändler Claude Levitte verrät Marie-Laures Vater an die Deutschen. Nachdem dieser ein Telegramm vom Museum erhalten hat, in dem er gebeten wird, nach Paris zu kommen, wird er auf dem Weg dorthin verhaftet und in ein deutsches Gefangenenlager gebracht. Als die Einwohner von Saint-Malo aufgefordert werden, ihre Radios abzugeben, versteckt Etienne den Zugang zu seinem Sender auf dem Dachboden hinter einem Schrank. Von Rumpel findet eine Kopie des Diamanten im Pariser Muséum national d'Histoire naturelle. Frederick wird derweil bei einer Gruppenübung verprügelt, weil er „der Schwächste" (S. 198) ist.

„WER IST DAS SCHWÄCHSTE MITGLIED DER TRUPPE?" (S. 198)

Zeitebene B

In dem Moment, in dem Marie-Laure aus dem Keller kommt, hört sie von Rumpel das Haus betreten und nach dem Diamanten suchen.

Zeitebene A

Frederick lädt Werner ein, die Ferien bei ihm zuhause in Berlin zu verbringen. An einem Morgen im Februar erhalten die Schüler den Befehl, jeder einen Eimer kaltes Wasser über einen mutmaßlich polnischen Gefangenen auszuleeren, doch Frederick verweigert dies. Marie-Laures Vater schickt seiner Tochter drei Briefe und im letzten fordert er sie auf, sich das Modell vorzunehmen. Madame Manec gründet währenddessen mit ihren Freunden eine Widerstandsgruppe, die einige kleine Sabotageakte begehen. Bei von Rumpel werden zwei Tumore festgestellt. In der Schule greifen Werners und Fredericks Mitschüler Frederick an und verletzten ihn so stark, dass er einen Hirnschaden davonträgt. Der „verrückte" Hervé Bazin gibt Marie-Laure den Schlüssel zu einer Grotte unter der Stadtmauer, wo sie sich verstecken kann. Madame Manec wird aufgefordert, als Informantin für den Widerstand zu arbeiten, doch Etienne weigert sich, ihr zu helfen. Dann verschwindet Hubert Bazin. Marie-Laure und ihre Familie bekommen Besuch von einem französischen Polizisten, wonach Etienne darauf besteht, dass Madame Manec keine Treffen mehr im Haus abhält. Nachdem Dr. Hauptmann behauptet hat, Werners Alter sei falsch angegeben worden und er sei in Wirklichkeit bereits 18 Jahre alt, wird Werner in den Krieg geschickt. Madame Manec erkrankt und stirbt. Werner besucht Frederick, der sich nicht an ihn erinnern kann und nur noch Spiralen malt.

JEDER MUSS SEINE ROLLE SPIELEN

Zeitebene B

Marie-Laure versteckt sich auf dem Dachboden. Zur gleichen Zeit erliegt Berning seinen Verletzungen und Werner versucht das Radio zu reparieren, hört zunächst jedoch nur Rauschen.

Zeitebene A

Im Jahr 1942 ist Werner mit Volkheimer, Berning, Neumann Eins und Neumann Zwei auf dem Weg an die Front. Mit Werners Funkgerät gehen sie russischen Signalen nach und töten die Sender. Etienne bittet Marie-Laure, Brot vom Bäcker zu holen, in dem verschlüsselte Nachrichten eingebacken sind, die er dann mit Musik über seinen Sender ausstrahlen will. Von Rumpel findet die beiden verbleibenden Kopien des Diamanten. Werner erkrankt an einem Fieber. Von Rumpel durchsucht Marie-Laures Wohnung in Paris, findet dort aber nichts. In Wien unterläuft Werner ein Fehler, woraufhin Neumann Zwei eine Frau und ein Mädchen erschießt, die beide unschuldig sind. Als Geburtstagsgeschenk für Marie-Laure ersteht Etienne die beiden Bände von *Zwanzigtausend Meilen unter dem Meer*.

DER LETZTE TAG DER BELAGERUNG

Zeitebene B

Das Fort, in dem Etienne gefangen gehalten wird, wird bei der Bombardierung zerstört. Werner hört Marie-Laure im Radio ihr Buch lesen.

Zeitebene A

In Frankreich empfängt Werner Etiennes Sendung, verheimlicht dies aber. Trotzdem geht er zu dem Haus und sieht so Marie-Laure, in die er sich verliebt. Von Rumpel lauert Marie-Laure an der Grotte unter der Stadtmauer auf, als sie ein Brot abholt, doch Marie-Laure kann ihn abschütteln und isst die in dem Brot versteckte

Nachricht. Danach geht Etienne selbst in die Bäckerei, um die Brote abzuholen. Marie-Laure entdeckt, dass ihr Vater den Diamanten im Modellhaus versteckt hat. Als Etienne beginnt, die Koordinaten deutscher Abwehrkräfte zu senden, wird er verhaftet.

Zeitebene B

Volkheimer sprengt sich und Werner mit einer Granate den Weg aus dem eingestürzten Keller ins Freie. Werner geht daraufhin zu Etiennes Haus, weil er sich nach der Bombardierung der Stadt um Marie-Laure sorgt. Als er es betritt, setzt von Rumpel gerade versehentlich einen Vorhang in Flammen. Werner erschießt ihn, löscht das Feuer und sucht nach Marie-Laure. Sie essen zusammen und danach zeigt sie ihm das Haus. Dabei findet Werner eine Ausgabe von *Birds of America*, das Werner an Frederick erinnert, weil dieser ihm davon erzählt hatte. Werner reißt eine Seite heraus und nimmt sie mit. In der Grotte lässt Marie-Laure das Modellhaus ins Meer gleiten und gibt Werner den Schlüssel. Er stattet sie mit einem Kissenbezug als weiße Flagge aus und erklärt ihr, wie sie die amerikanischen Truppen erreicht. Marie-Laure und Etienne werden wiedervereint und fahren nach Paris. Werner wird von französischen Widerstandskämpfern gefangengenommen und erkrankt erneut. Er versucht mit seinem Notizbuch und dem Modellhaus, das er aus der Grotte geholt hat, zu fliehen, tritt dabei jedoch in eine Landmine und stirbt.

NACH DEM KRIEG

Im Jahr 1945 wird Frau Elena mit den letzten verbleibenden Mädchen aus dem Heim nach Berlin gebracht, wo sie zunächst in einer Fabrik arbeiten und später helfen, die zerstörten Straßen aufzuräumen. Jutta erhält zwei Briefe, in denen ihr Werners Tod mitgeteilt wird. Russische Soldaten nehmen die Stadt ein und vergewaltigen Frauen. In Paris treffen Etienne und Marie-Laure Dr. Geffard, der wie ihr Vater im Museum gearbeitet hat. Ihr Vater bleibt jedoch vermisst. Die Erzählung springt danach ins Jahr 1974. Volkheimer repariert und installiert nun in Westdeutschland Fernsehantennen. Er erhält Werners Tasche, sein Notizbuch und das Modellhaus. Jutta ist in Essen Gymnasiallehrerin für Mathematik. Sie ist mit einem Buchhalter namens Albert verheiratet und hat einen Sohn, Max. Volkheimer bringt ihr die Tasche und erzählt ihr von Marie-Laure. Daraufhin fahren Jutta und Max nach Saint-Malo und verfolgen Marie-Laures Spur nach Paris. Diese arbeitet nun als Expertin für Mollusken im Pariser Naturkundemuseum. Bevor Etienne gestorben ist, war sie mit ihm auf Reisen. Sie hat eine Tochter, Hélène, und ist unverheiratet. Jutta gibt ihr das Modellhaus und Marie-Laure gibt Jutta eine von Henris alten Aufnahmen. Sie erkennt, dass Werner nicht den Stein, sondern den Schlüssel in das Haus gelegt hat. Frederick erhält einen Brief von Werner mit der Seite aus *Birds of America*. Im Jahr 2014 erzählt Marie-Laure ihrem Enkel Michel von ihrem Leben.

PERSONENANALYSE

MARIE-LAURE LEBLANC

Marie-Laure wächst bei ihrem Vater auf, der Schlosser im Muséum national d'Histoire naturelle in Paris ist. Ihre Mutter ist im Kindbett gestorben. Im Alter von sechs Jahren erblindet sie und leidet zunächst darunter. Doch dank ihrer Charakterstärke und der Unterstützung ihres Vaters kann sie sich schnell wieder anmutig und selbstbewusst bewegen. In manchen Situationen scheint ihre Blindheit ihre Wahrnehmung zu stärken und für „Netz[e] und Gitt[er], [ein] Durcheinander von Geräuschen und Texturen" (S. 55) empfänglich zu machen. Sie ist fasziniert von fantasievollen Geschichten wie *In achtzig Tagen um die Welt*, ebenso wie von den Details und der Artenvielfalt von Schnecken und ihren Häusern. Später verfolgt sie dieses Interesse weiter und macht es zu ihrem Beruf. Sie hat eine enge Beziehung zu ihrem Vater und ist daher untröstlich, als er nach seiner Verhaftung in Paris verschwindet. Allerdings überwindet sie ihre

Angst und baut zu Madame Manec und Etienne ein vertrauensvolles Verhältnis auf. Letzteren lockt sie ebenfalls aus der Reserve und hilft beiden bei ihren Widerstandsaktionen. Marie-Laure ist sehr einfühlsam, was sich beispielsweise daran zeigt, dass sie Etienne Muscheln bringt und sich zu ihm setzt, wenn es ihm nicht gut geht. Als Jugendliche hat sie viele Sommersprossen und wirkt wie aus einer anderen Welt. In dieser Zeit verliebt sich Werner in sie. Nachdem sie das Trauma das Kriegs überwunden hat, reist sich mit Etienne um die Welt, beginnt im Museum zu arbeiten und zieht eine Tochter groß. Ihren Vater findet sie jedoch nie wieder.

DANIEL LEBLANC

Als Museumsschlosser hat Daniel LeBlanc die Aufgabe, den Stein „Meer der Flammen" bzw. eine Kopie des Diamanten, zu schützen. Trotz seiner Bemühungen, rational zu denken, wird er bei dem Gedanken, tatsächlich einen verfluchten Diamanten zu tragen, von Angst verfolgt. Er ist ein hingebungsvoller Vater und sieht sich selbst für seine Tochter als „nur ein schmaler Durchgang für etwas anderes, Größeres" (S. 195).

Er ist handwerklich begabt und baut Marie-Laure ausgeklügelte Rätselschachteln und Modelle der Nachbarschaft, damit sie sich besser zurechtfinden kann. Außerdem spart er, um ihr zu ihrem Geburtstag Bücher in Brailleschrift schenken zu können. Auch als er verhaftet und in ein deutsches Gefangenenlager geschickt wird, bleiben seine Briefe an Marie-Laure voller Liebe und Hoffnung.

ETIENNE LEBLANC

Etienne wächst gemeinsam mit seinem Bruder Henri in Saint-Malo auf. Gemeinsam beschließen sie, Henris melodiöse Stimme und Etiennes brillanten Verstand gemeinsam zu nutzen, um wissenschaftliche Radiosendungen aufzunehmen. Als sie beide während des Ersten Weltkriegs eingezogen werden, den Etienne als sehr traumatisch erlebt, rezitiert Henri neben ihm die Texte ihrer Sendungen, um ihn zu beruhigen. Henri fällt im Krieg und nach seinem Tod baut Etienne einen Sender, mit dem er versucht, seinen Bruder dennoch zu erreichen, indem er ihre Aufnahmen ausstrahlt. Dadurch können Werner und Jutta die Sendungen empfangen. Der Krieg hat Etienne zutiefst verstört, weswegen er nie das Haus verlässt, außerdem leidet er an Halluzinationen. Er hat eine enge Beziehung zu Madame Manec, die sich um ihn kümmert, und öffnet sich Marie-Laure gegenüber. So liest er ihr Darwin vor, besorgt ihr Bücher in Brailleschrift und begibt sich mit ihr auf Reisen, die nur in der Fantasie der beiden stattfinden. Mit der Hilfe von Marie-Laure und Madame Manec beginnt er langsam, sich wieder in der Welt zurechtzufinden. Obwohl er zu Beginn gegen Madame Manecs Widerstandsgruppe ist, wird er später sogar selbst Informant für sie. Er wird während der Belagerung gefangengenommen, später aber wieder mit Marie-Laure vereint. Nach dem Krieg gehen sie gemeinsam auf Reisen, bevor Etienne friedlich stirbt.

MADAME MANEC

Madame Manec ist eine liebenswürdige, tüchtige Frau, die sich viele Jahre um Etienne gekümmert hat. Sie ist ein wichtiges Mitglied der Gesellschaft in Saint-Malo, teilt Informationen und gibt den Menschen, die ihr bedürftig erscheinen, etwas zu essen. Sie nutzt ihr soziales Netzwerk, um ihre

Freunde für eine Widerstandsgruppe zu vereinen, mit der sie kleine, aber wichtige Sabotageakte begeht. Später hat sie die Idee, über den Sender verschlüsselte Nachrichten auszustrahlen, doch Etienne verweigert seine Unterstützung dabei. Sie distanziert sich daraufhin von ihm, erkrankt schließlich und stirbt. Madame Manec ist dafür verantwortlich, dass Marie-Laure sich traut, das Haus zu verlassen, und sie ermuntert auch Etienne dazu, die Welt zu entdecken: „Wollen Sie nicht leben, bevor Sie sterben?" (S. 275).

WERNER PFENNIG

Werner ist ein kleiner, weißblonder Junge, der mit seiner Schwester in einem Waisenhaus im Ruhrgebiet aufwächst, nachdem sein Vater im Bergwerk ums Leben gekommen ist. Verschiedene Autoritätspersonen sagen ihm, dass er später ebenfalls im Bergwerk arbeiten wird. Frau Elena, eine französische Nonne, leitet das Waisenhaus und zieht ihn und Jutta groß. Wie Marie-Laure ist Werner von Natur aus neugierig und intelligent. Er interessiert sich sehr für Radios, den „geheimen Ort [...], an dem große Entdeckungen möglich sind" (S. 64), und weiß schon früh, wie er sie reparieren und selbst bauen kann. Besonders eine Sendung – die von Etienne und Henri – ermutigt ihn, seinen Horizont zu erweitern. Dank seiner technischen Begabung bekommt er die Möglichkeit, auf eine besondere Schule zu gehen. Er nimmt das Angebot an, da er sich davon eine bessere Zukunft erhofft, doch die Schule bestimmt bald sein ganzes Leben. Um seine Ziele weiter verfolgen zu können, sieht er sich gezwungen, immer mehr moralisch fragwürdige Dinge zu tun. Er verteidigt Frederick nicht vor den Hänseleien ihrer Mitschüler und macht sich deswegen Vorwürfe. Als die Hänseleien gewalttätige Ausmaße annehmen, erleidet Frederick einen irreparablen Hirnschaden. Werner baut ein Gerät, mit dem feindliche Signale nachverfolgt werden können und reist mit Volkheimer und einigen Kameraden durch das Land, um die Sender dieser Signale zu töten. In Wien unterläuft ihm ein Fehler, aufgrund dessen zwei unschuldige Menschen sterben. Dieser Tod verfolgt ihn, ebenso wie die „tausend Betrügereien und [sein] Verrat" (S. 210). Als er in Saint-Malo Etiennes Sendung hört und wiedererkennt, beschützt er ihn und seine Familie, indem er die Information für sich behält. Später folgt er Marie-Laure und verliebt sich aufgrund ihrer Eleganz und ihres makellosen Charakters in sie. Nach der Bombardierung sucht er nach ihr und hilft ihr, sich in Sicherheit zu begeben. Danach wird er von französischen Widerstandskämpfern gefangen genommen, erkrankt und stirbt bei einem Fluchtversuch durch eine Landmine.

JUTTA PFENNIG

Werners jüngere Schwester Jutta ist idealistisch und hat einen starken Willen. Als Kind zeichnet sie Paris, wie sie es sich vorstellt, und ist entsetzt, als sie später im ausländischen Radio von der Bombardierung der Stadt erfährt. Aus Angst, bestraft zu werden, zerstört Werner das Radio, was Jutta jedoch als Verrat ansieht. Sie durchschaut die Kriegsrhetorik und versucht Werner deswegen davon abzuhalten, an die neue Schule zu gehen. So sagt sie, er solle „keine Lügen" (S. 138) über das tatsächliche Vorgehen im Land erzählen. Ihre Briefe an Werner werden zu großen Teilen zensiert. Nachdem sie zwei Briefe erhalten hat, in denen ihr Werners Tod mitgeteilt wird, zieht sie nach Berlin, wo sie in Armut und ständiger Gefahr vor Bombenangriffen lebt.

Bei dem Einmarsch der russischen Armee wird sie vergewaltigt. Trotz ihres Traumas gelingt es ihr, ein neues Leben aufzubauen. Sie heiratet den Buchhalter Albert und gemeinsam bekommen sie einen Sohn, Max, der sich so sehr für Papierflugzeuge interessiert wie Werner für Radios. Als Volkheimer sich bei ihr meldet, holt ihre Vergangenheit sie wieder ein. Um mit ihr abschließen zu können, fährt sie mit ihrem Sohn nach Frankreich und sucht nach Marie-Laure.

FRAU ELENA

Frau Elena ist eine liebevolle, engagierte und unermüdliche französische Nonne und führt ein Waisenhaus. Obwohl sie sich als Französin in Deutschland aufgrund des stärker werdenden Nationalismus bedroht fühlt und unsicher ist, ermutigt und unterstützt sie Werner und Jutta weiterhin.

FREDERICK

Werner lernt Frederick an einer besonderen Schule der Regierung kennen. Er scheint nett, aber auch stets abwesend: In Wirklichkeit sieht er die Welt schlicht mit anderen Augen. Frederick interessiert sich sehr für Vögel und kennt sich sehr gut mit den verschiedenen Vogelarten aus. Eigentlich benötigt er eine Brille, verheimlicht dies jedoch, um auf die Schule gehen zu können. Seine Familie ist wohlhabend, stellt aber hohe Erwartungen an ihn, was letztendlich dazu führt, dass er die Schule verlassen muss. Er erklärt Werner, dass keiner von ihnen frei über sein Leben entscheiden kann. Ihre Mitschüler scheinen seine „Verträumtheit, sein Anderssein" (S. 241) als eine Bedrohung für die Ansichten, die ihnen indoktriniert werden, anzusehen, da sie ihn häufig als Schwächsten herauspicken und verprügeln. Frederick sagt dazu allerdings: „Einige Leute sind in einer Hinsicht schwach, andere in einer anderen" (S. 199). So zeigt er Stärke, als er sich weigert, einen Eimer Wasser über einen Gefangenen zu entleeren. Wegen dieser Auflehnung eskaliert das Mobbing gegen ihn und er wird so schwer verletzt, dass er einen irreparablen Hirnschaden davonträgt. Danach lebt er bei seiner Mutter und scheint auf nichts mehr zu reagieren, was ihm zuvor wichtig war, sondern malt nur noch Spiralen.

FRANK VOLKHEIMER

Als Werner Volkheimer an der Schule kennenlernt, hat dieser den Ruf, ein wilder Riese,
„eine reine Kreatur der Stärke" (S. 190) zu sein.
Er verkörpert „die Klinge des Reiches" (S. 210),
zeigt Werner aber auch seine sanftere Seite. So
hat er eine Vorliebe für klassische Musik, die im
Widerspruch zu seinem Auftreten zu stehen
scheint, und sprengt ihnen schließlich einen Weg
aus dem eingestürzten Keller frei, damit Werner
Marie-Laure suchen kann.

DR. HAUPTMANN

Dr. Hauptmann ist für Werner zunächst eine
Quelle der Inspiration, da er auf gewisse Weise
für den akademischen Aufstieg steht, nach
dem Werner sich sehnt. Allerdings hat er
ebenfalls eine hässliche, primitive Seite: „etwas
Erbarmungsloses, Unmenschliches, etwas,
das entschlossen ist zu überleben" (S. 276). Er
manipuliert Werner und lässt ihn eine Maschine
bauen, die indirekt für den Tod vieler Menschen
verantwortlich sein wird. Außerdem behauptet
er, dass Werners Alter nicht richtig angegeben

wurde, damit er in die Armee eingezogen wird. Er ist dafür verantwortlich, dass Werners Talent ausgenutzt wird, doch das geschieht weniger aus Boshaftigkeit, als auch seiner Überzeugung, dass Wissenschaftler das Produkt der „Interessen der Zeit" (S. 160) sind. Er sieht sich dem Ziel des Reiches verpflichtet, für Ordnung zu sorgen, und reduziert Opfer auf „nur Zahlen" (S. 190). Womöglich geschieht dies aus dem verzweifelten Versuch heraus, zu überleben und Erfolg zu haben, in jedem Fall nimmt er dabei keine Rücksicht auf die Konsequenzen für die betroffenen Menschen.

STABSFELDWEBEL REINHOLD VON RUMPEL

Von Rumpel ist ein opportunistischer Fachmann für Edelsteine mittleren Alters, der im Namen des Deutschen Reichs nach dem Stein „Meer der Flammen" sucht. Er führt ein ereignisloses, angenehmes Leben und hat einen Hang für Luxusgüter. Außerdem ist er äußerst gierig und hinterfragt die Herkunft der Diamanten nie. Seine Informationen beschafft er sich auf heimtückische, aber sehr effektive Weise, indem er seinen Opfern subtil Angst einjagt. Im Laufe des Romans breitet sich von Rumpels Krebserkrankung weiter aus und sorgt dafür, dass er immer schlechter Luft bekommt. Die Suche nach dem Diamanten bedeutet für ihn selbst daher auch den Versuch, seiner eigenen Sterblichkeit zu entkommen.

INTERPRETATION

LICHT UND ORDNUNG

Bilder, die mit Licht und Dunkelheit spielen, nehmen im Roman einen wichtigen Platz ein. In der Rhetorik der Schule wird die Farbe Weiß mit Reinheit verbunden, sowohl in Bezug auf die Rasse als auch die Moral. Dr. Hauptmann zufolge besteht der Plan des Deutschen Reiches darin, diese Reinheit wiederherzustellen, indem es für Ordnung sorgt und Imperfektionen eliminiert. Auch Verstand könne zu Imperfektion führen, da unabhängiges Denken den einheitlichen Charakter der Armee störe. Werner sind die Ansichten seines Lehrers zunehmend unangenehm und Jutta bezeichnet sie sofort als falsch, da Imperfektion ein unablässiger Bestandteil des Lebens ist und „der Körper [...] nie ganz rein sein [kann]" (S. 281). Diesem Streben nach Reinheit stellt Doerr ein Spiel mit Hell und Dunkel gegenüber, das mit der Schwarz-Weiß-Sicht von Reinheit und Imperfektion bricht: Die blinde Marie-Laure, die viele Sommersprossen hat, besitzt eine reine Seele und das Licht ihrer Vorstellungskraft erhellt die Dunkelheit ihrer Erblindung. Dieses Licht des Geistes wird von den – schon per Definition unsichtbaren – Radiosendungen von Etienne und Henri übermittelt, die sowohl den Romanfiguren als auch den Lesern mit auf den Weg geben: „Öffnet eure Augen, [...] und seht mit ihnen, was ihr könnt, bevor sie sich für immer schließen" (S. 59). Dasselbe Licht erhellt auch das leidenschaftliche Interesse, das Werner, Marie-Laure und Frederick für verschiedene Dinge haben, und lässt sie sich über die vielen Varianten und Imperfektionen freuen (in Marie-Laures Fall betrifft dies die Artenvielfalt der Schnecken). Das Streben des Deutschen Reiches nach Reinheit und Ordnung ist letztendlich ebenso fruchtlos wie zerstörerisch.

STÄRKE

In der Schule, auf die Werner und Frederick gehen, stehen körperliche Stärke und die Vernichtung des Individualismus im Vordergrund. Die Schüler werden in eine Einheitsform gepresst, sodass sie als Instrument der Armee eingesetzt werden können: „Ihr werdet wie ein Wasserfall sein, eine

Gewehrsalve" (S. 142). Aus dieser Perspektive ist Frederick „das schwächste Mitglied der Truppe" (S. 198) und die anderen Schüler werden dazu ermuntert, alle, die nicht in ihr Muster passen, zu bestrafen. Wie Frederick zeigt, als er sich weigert, entgegen seinen Moralvorstellungen zu handeln und einen Gefangenen zu foltern, gibt es jedoch verschiedene Arten von Stärke. Viele der Figuren in *Alles Licht, das wir nicht sehen* zeigen ihre Stärke in kleinen Taten: Etienne, als er schließlich wieder sein Haus verlässt, und Madame Manec, als sie eine Kampagne häuslicher Sabotage gegen die Besatzungsmacht organisiert. Marie-Laure findet zwar die Kraft, nach dem Verschwinden ihres Vaters weiterzuleben und hat schwerer zu kämpfen als die meisten der anderen Figuren, erklärt aber trotzdem: „Aber es ist keine Tapferkeit. Ich habe keine Wahl. Ich wache auf und lebe mein Leben" (S. 462). Werner wiederum fühlt sich für das Mobbing an Frederick und die Schrecken des Krieges mitschuldig, weil er sich nicht aktiv gegen den Weg entschieden hat, der sich ihm aufgetan hat. Schließlich schließt er jedoch Frieden mit den Entscheidungen seiner Vergangenheit, nachdem er Stellung bezogen hat, indem er Etienne und Marie-Laure beschützt. Eine der im Roman beschrieben Stärken besteht darin, sich gegen den Strom zu wenden, unabhängig davon, wie aussichtslos dies zunächst erscheint.

DER FLUCH

Alle „alten Edelsteine sind Geschichtensammler" (S. 63) und der Stein „Meer der Flammen" bildet keine Ausnahme davon. Der Legende nach handelt es sich um ein Geschenk der Göttin der Erde an den Gott des Meeres, das von den Menschen abgefangen wurde. Der Besitzer des Steins erlangt das ewige Leben, doch den ihm nahestehenden Personen wird Schreckliches widerfahren. Es bleibt unklar, ob der Fluch echt ist, und Marie-Laure, ihr Vater und von Rumpel denken kontinuierlich über diese Möglichkeit nach. Durch den Fluch verlieren die Figuren ebenfalls an Handlungsmacht, da seine Existenz bedeuten würde, dass ihre Handlungen durch ihn vorbestimmt sind. Auf eine solche Einschränkung der Handlungsmacht wird auch hingewiesen, als Werner sich fragt, ob „alle [...] in ihren Rollen ge-fangen [sind]" (S. 232) oder er sich anders hätte entscheiden können. Sein Versuch, dem Leben im Bergwerk zu entgehen, führt schließlich dazu, dass er stattdessen in den Schrecken des Kriegs gefangen ist: „Es ist, als wären sie in einer Mine gefangen, der gleichen und gleichzeitig entgegengesetzten von der, in der sein Vater getötet wurde" (S. 216). Frederick betont zwar, dass sie nicht frei über ihr Leben bestimmen können, bezieht aber entgegen aller Erwartungen Stellung in der Schule und auch Werner trifft schließlich eine ähnliche Entscheidung. Marie-Laure versucht gegen Ende des Romans den Fluch des Steins zu brechen, der womöglich ihr Schicksal bestimmt, indem sie ihn dem Meer zurückgibt. So betont Doerr den gesamten Roman über die Existenz des freien Willens und stellt ihn gleichzeitig in Frage.

STIMMEN

Etienne hat einen Radiosender gebaut, um seinen toten Bruder zu erreichen. Dieser hat zwar nie geantwortet, doch seine Stimme erreichte Werner und Jutta und brachte damit indirekt Werner und Marie-Laure zusammen. Die „Magie" von Radio entsteht durch Verbindungen, die ermöglichen, dass „ein Mund an einem fernen Mikrofon" (S. 48) Zuhörer auf der ganzen Welt erreicht. Auch Erzählungen verbinden Leben miteinander, wie beispielsweise Jules Vernes Roman, den Marie-Laure liest und über das Radio ausstrahlt. Dieses Netz aus Stimmen und Geschichten umspannt den gesamten Roman und geht womöglich noch darüber hinaus. Im letzten Kapitel überlegt Marie-Laure, dass dieses Stimmennetz eine Art Leben nach dem Tod für die ihr nahestehenden Personen bedeutet und diese so tatsächlich weiterleben.

NUR ZAHLEN

Als Werner beginnt, an seinem Funkgerät zu bauen und sich über dessen Zweck Gedanken macht, sagt ihm Dr. Hauptmann, dass es „nur Zahlen" sind. Natürlich geht es bei dem Gerät nicht nur um Zahlen, doch diese Aussage wird zu einer Art Entschuldigung dafür, sich nicht mit dem eigentlichen Zweck auseinanderzusetzen. Auch Etienne erkennt, dass die Zahlen, die er über sein Radioprogramm ausstrahlt, „weit mehr als Zahlen" (S. 359) sind und für Menschenleben von Belang sind. Die Zahlen sind für Etienne und Marie-Laure auch der Grund, weshalb sie Widerstand leisten. So denkt Etienne, als er seine

Nichte tanzen sieht, dass dies „die Bedeutung der Zahlen" (S. 332) ist. Zahlen, die auf abstrakte Weise „einfach nur Zahlen sind" existieren also genauso wenig wie absolute Reinheit oder Ordnung. Stattdessen stehen sie stets für reale Schicksale und Ereignisse in der Welt.

ZUM NACHDENKEN

FRAGEN ZUR VERTIEFUNG

- Glaubst Du, dass der Fluch gebrochen wurde, als Marie-Laure den Diamanten zurück ins Meer gelegt hat? Begründe Deine Antwort.
- Findest Du das Ende des Romans zufriedenstellend? Warum bzw. warum nicht?
- Welche Botschaft vermittelt der Roman bezüglich Stärke?
- Hat der Roman Deine Wahrnehmung von Blindheit geändert? Wenn ja, inwiefern?
- Im letzten Kapitel stellt sich Marie-Laure vor, dass die Stimmen der Personen, die ihr nahegestanden haben, weiterleben können. Auf welche Weise könnte dies im Roman und in der echten Welt möglich sein?
- Hat Werner in der Schule und später im Krieg lediglich seine Rolle gespielt oder hätte er sich anders entscheiden können?
- Welchen Einfluss hatte Jutta auf Werners Leben?

- „Öffnet eure Augen, […] und seht mit ihnen, was ihr könnt, bevor sie sich für immer schließen" (S. 59). Was bedeutet diese Aussage Deiner Meinung nach? Welche der Romanfiguren leben danach?

Deine Meinung ist uns wichtig!
Hinterlasse doch einen Kommentar auf der Seite
unser Online-Buchhandlung
und teile Deine Favoriten in den sozialen
Netzwerken!

DARÜBER HINAUS

HERANGEZOGENE AUSGABE

- Doerr, Anthony: *Alles Licht, das wir nicht sehen*. Aus dem Englischen von Werner Löcher-Lawrence. btb: München 2016.

SEKUNDÄRLITERATUR

- Greiner, Ulrich: „Die blinde Unschuld". *Die Zeit*, Nr. 22 (16.06.2015). https://www.zeit.de/2015/22/anthony-doerr-pulitzerpreis (26.11.2019).

- Schneider, Wolfgang: „Hinter jeder Ecke lauert der Geschichtsgrusel". *Frankfurter Allgemeine Zeitung*. (09.06.2015). https://www.faz.net/aktuell/feuilleton/buecher/rezensionen/belletristik/anthony-doerrs-roman-alles-licht-das-wir-nicht-sehen-13631195.html (26.11.2019).

MEHR AUF DERQUERLESER.DE

- Coutant-Defer, Dominique: 20.000 Meilen unter dem Meer *von Jules Verne (Lektürehilfe). Detaillierte Zusammenfassung, Personenanalyse und Interpretation*. Aus dem Französischen von Mareike Lobeck. Plurilingua Publishing: Brüssel 2020.

- Coutant-Defer, Dominique; Coullet, Pauline: Reise um die Erde in 80 Tagen *von Jules Verne (Lektürehilfe). Detaillierte Zusammenfassung, Personenanalyse und Interpretation*. Aus dem Französischen von Miriam Traub. Plurilingua Publishing: Brüssel 2018.

DER QUERLESER
Livres
LEKTÜRE HILFE
Der Fremde
Albert Camus
LEKTÜRE HILFE
Das Parfum
Patrick Süskind
1984
derQuerleser.de
Literatur auf den Punkt gebracht!

Die präsentierten Inhalte werden vom Herausgeber überprüft, dennoch übernimmt dieser keine Haftung für die inhaltliche Richtigkeit, Vollständigkeit und Aktualität der vorgestellten Inhalte.

www.derQuerleser.de

ISBN digitale Ausgabe: 9782808021821

ISBN gedruckte Ausgabe: 9782808021838

Pflichtexemplar: D/2019/12603/245

Cover: © Plurilingua

Logo: © Graphicrepublic (Freepik.com) und Plurilingua

Digitale Aufbereitung: Primento, der digitale Partner der Herausgeber